Anne Braun & Ralf Butschkow

Noch mehr Englisch mit Rätseln und Witzen

moses.

Hello, kids!

I'm Carol Cat.
I'm eight years old.
I live near London.
AND YOU?

My name is: ______________________

My address is: ______________________

____

My telephone number is: ______________________

I'm ________ years old.

These are my best friends

In diesem Buchstabengitter sind die Vornamen meiner Freunde versteckt. Findest du sie?
Kleiner Tipp: Die Anfangsbuchstaben ihrer Vor- und Nachnamen sind immer gleich.

Schreibe die übrig gebliebenen Buchstaben der Reihe nach in diese Kästchen:

So many words ...

Die meisten dieser Begriffe kennst du bestimmt schon.
Außerdem findest du sie unten im Kasten.
Suche jeweils das richtige Wort, deute auf die
Abbildung und sage: THIS IS A ...

ball-bike-boat-book-cake-candle-car-cloud-clown-cup-door-duck-flower-frog-horse-house-plane-ruler-rubber-satchel-tree-window

Seeing double

Einige dieser Begriffe findest du hier noch mal im Doppelpack. Deute wieder darauf und sage: THESE ARE TWO ...

Find the words

In jedem Buchstabengitter sind zwei Wörter versteckt.
Schreibe sie unter die Bildchen.

M	B	O
A	U	L
S	L	E

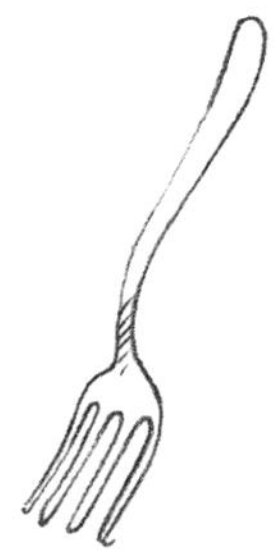

F	S	P
O	O	O
R	K	N

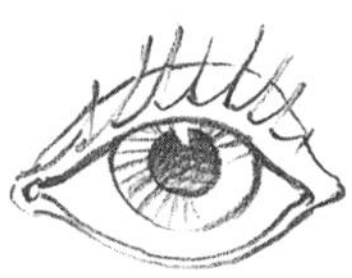

E	F	I
Y	N	E
G	E	R

C	B	O
U	T	T
P	L	E

B	E	A
N	A	G
G	N	A

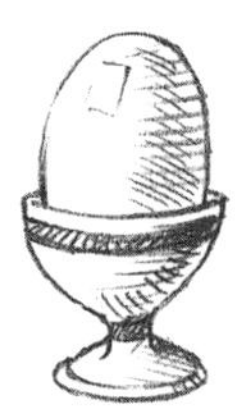

L	S	I
N	A	K
O	E	N

H	R	A
B	E	B
I	T	N

P	L	A
S	T	E
T	A	R

Right or wrong?

Answer the questions! – Beantworte die Fragen mit:
„Yes, it is.“ Oder: „No, it isn't.“

Is this a dog?
„Yes, it is.“

Is this a doll?

Is this a car?
„Yes, it is.“

Is this a bear?
„No, it isn't.“

Is this a policeman?
„Yes, it is.“

Is this a house?
„Yes, it is.“

Is this a tree?
„No, it isn't.“

Is this a train?
„Yes, it is.“

Is this a child?

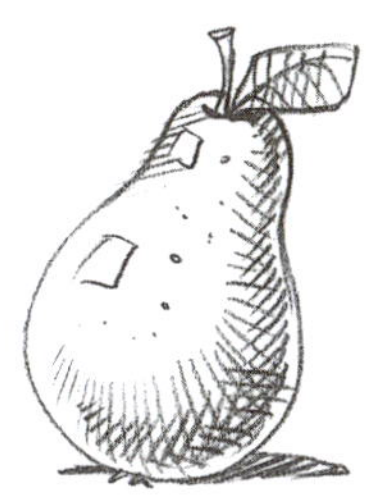

Is this an apple?
„No, it isn't.“

Na, alles richtig beantwortet? Dann hast du fünfmal „Yes, it is.“ und fünfmal „No, it isn't.“ geantwortet.

New words?

Suche zu jedem Bild das passende Wort im Rahmen und kreise es ein! Schreibe den Begriff dann zum jeweiligen Bild.

U M B R E L L A A N G E L P I G P I N E A P P L E K N I F E

D R E S S S C I S S O R S U N I C O R N S L E I G H T I G L O O

G H O S T I C E C R E A M S A T C H E L C H E R R Y K I T E

O M A T O P A R R O T M O N K E Y D O N K E Y N A I L

Fox – foxes

Tja, so einfach wie mit dem -s am Ende geht's nicht immer. Diese Wörter hier brauchen in der Mehrzahl ein -es am Ende! (Das gilt übrigens für alle Hauptwörter, die mit -ss, -sh, -ch, -x oder -s enden!)

A or an?

What do you see? Bilde Sätze wie:

AN

A

Odd one out!

An jedem Ast wächst ein Begriff, der da nicht hingehört!
Trage die Anfangsbuchstaben der nicht passenden Begriffe unten in die Kästchen ein!

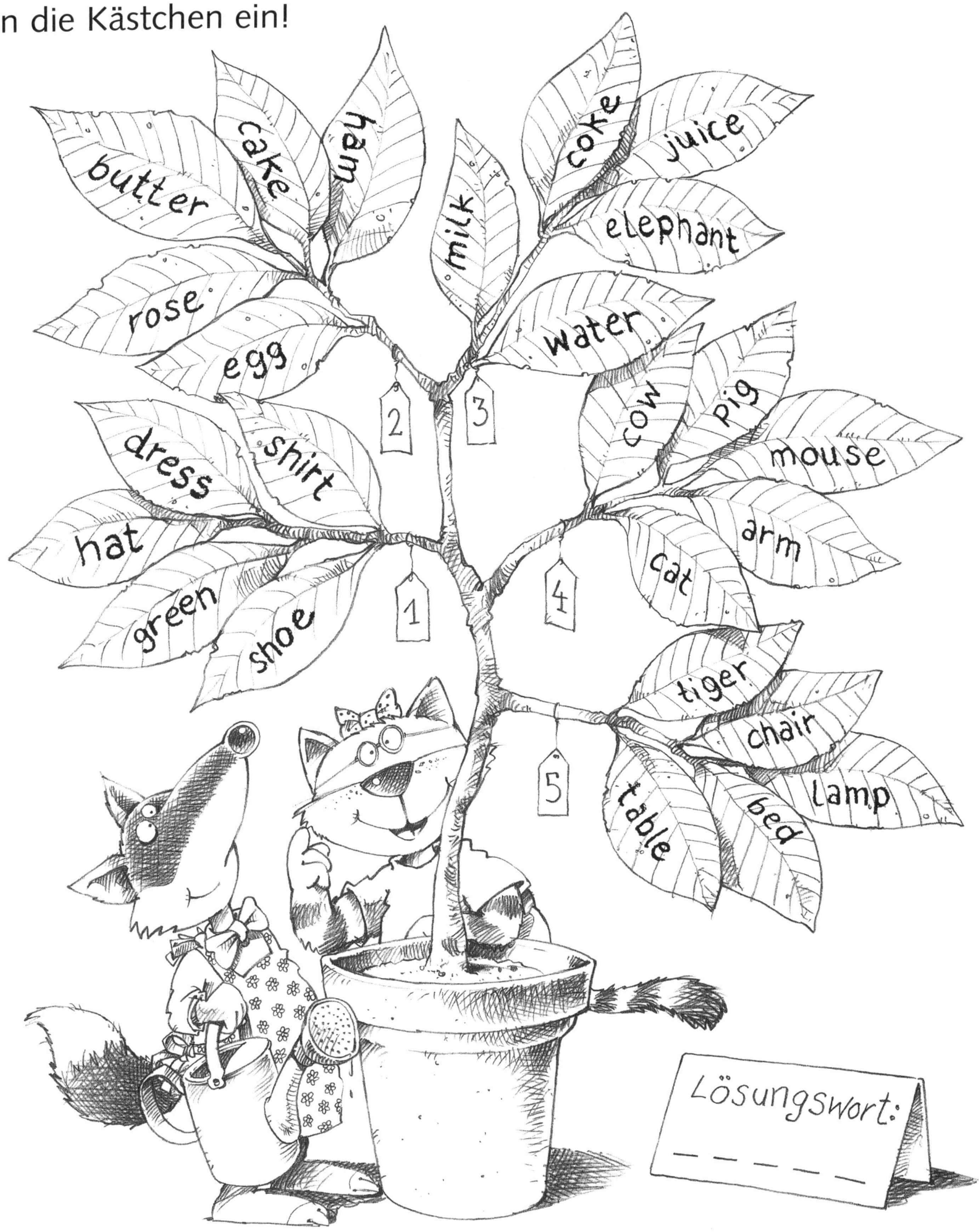

Count the animals!

Was siehst du?
Kleiner Tipp: Vergiss das -s in der Mehrzahl nicht!

Hoppla, hier sind die Zahlwörter durcheinander geraten. Stell sie um, damit sie richtig sind!

Same letter?

Kreuze an, wenn die zwei abgebildeten Gegenstände mit dem selben Buchstaben beginnen.

Na, alles richtig? Dann hast du sechs Kästchen angekreuzt.

What rhymes?

Schreibe die passenden Reimwörter für jedes der Tiere in die Luftballons. Eine Auswahl von Wörtern findest du unten. Male die Luftballons farbig aus!

CAKE, RAT, COW, HAT, KING, KITE, KNEE, MOON, NIGHT, PIG,

RING, SHOE, SNAKE, SPOON, TREE, TWIG, WINDOW, IGLOO

Things you need at school

Hier findest du einige Dinge, die man in der Schule braucht.
Verbinde die Begriffe mit dem passenden Bild!

Right or wrong?

Au weia, hier hat Carol Cat aber gar nicht aufgepasst!
Nur in sieben Kästchen stimmen Wort und Bild überein.
Kreuze die richtigen Kästchen an!

R bag 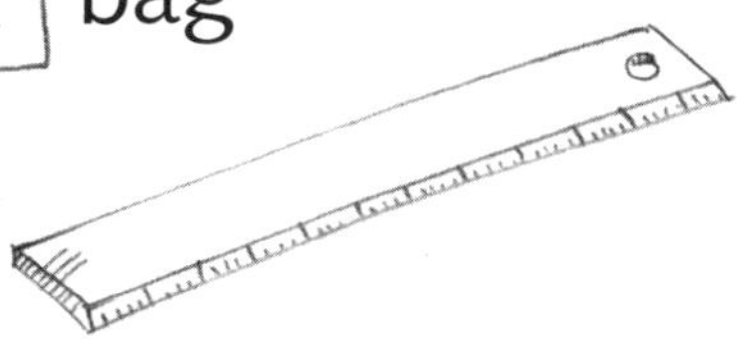	P pig 	S moon 
E egg 	R rabbit 	P sun 
E man 	R ruler 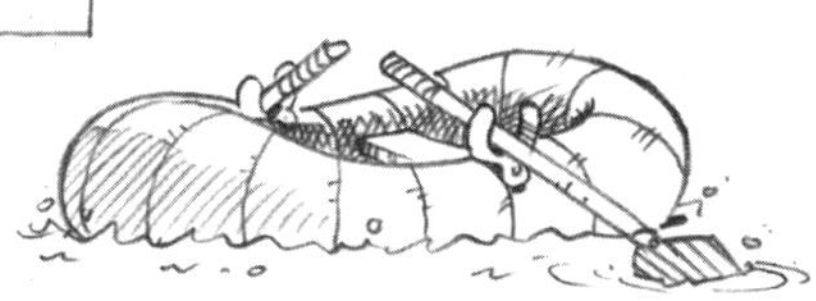	F flower 
C parrot 	E ear 	O letter 
L chair 	G girl 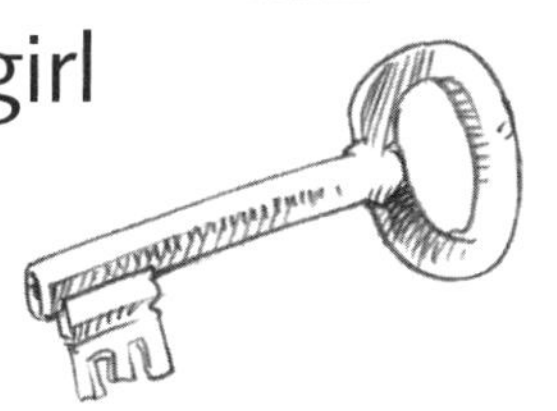	L lamp 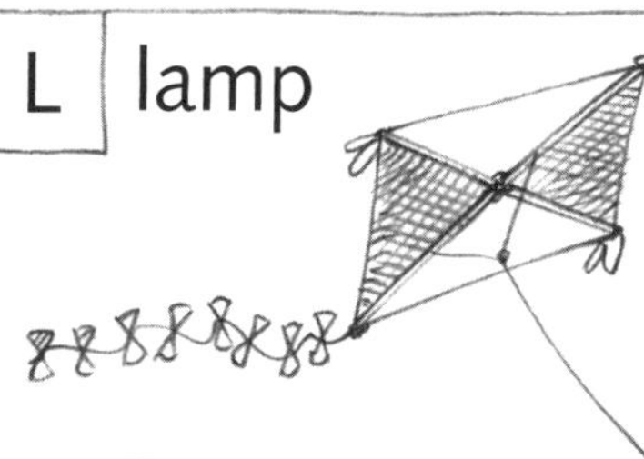
K kite 	C door 	T twig 

Die Anfangsbuchstaben der angekreuzten Kästchen ergeben:
_ _ R _ _ _ _!

Missing letters

Bei jedem Wort fehlt jeweils ein Buchstabe.
Streiche die eingesetzten Buchstaben am Rande durch!

A B C D E F G H I K L M

N O P Q R S T U V W Z

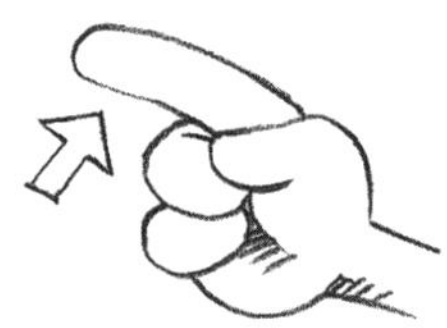 fin-er	 fis-	 -ueen	 ba-l
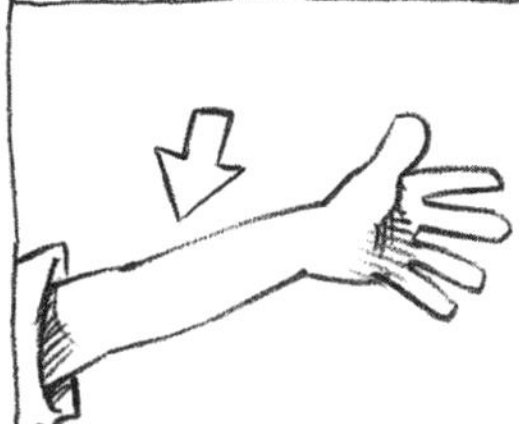 ar-	 sp-on	 win-ow	 for-
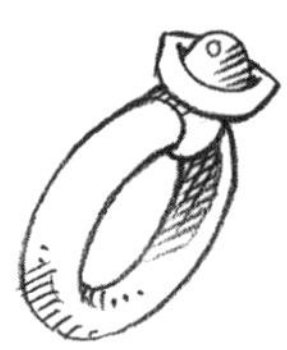 -ing	 shi-	 -hair	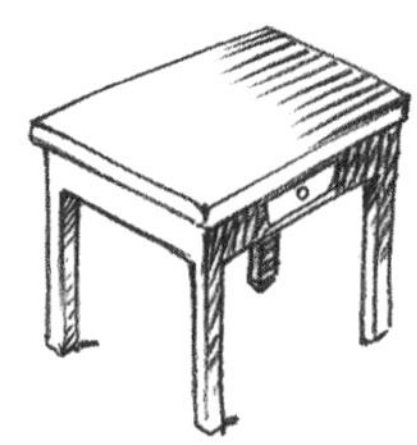 t-ble
 -nail	 -ree	 um-rella	 -ampire
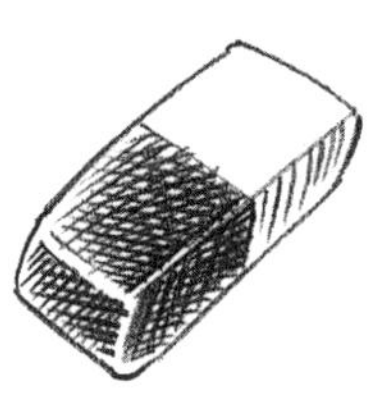 r-bber	 clo-n	 -ebra	

Vier Buchstaben bleiben übrig.
Bilde daraus ein Wort:

Who is who?

Setze die Zahlen richtig ein!

- [ ] mother
- [ ] father
- [ ] sister
- [ ] brother
- [ ] me
- [ ] grandmother
- [ ] grandfather

What colour?

Male die Gegenstände mit der Farbe aus, die sich auf sie reimt!
Hier die Farben:
black, blue, brown, green, grey, pink, red, white, yellow

Colours of what?

Entwirre die Namen der sieben Farben und schreibe sie in die Kästchen. Die markierte Spalte verrät dir dann das Lösungswort. Male das Bild danach in den angegebenen Farben aus.

1. DER
2. GENORA
3. KNIP
4. NEGER
5. UBEL
6. LETOVI
7. WOLLEY

So many balloons!

So viele Luftballons steigen in den Himmel!
* Male alle Ballons mit einem Substantiv (z.B. car) gelb aus!
* Male alle Ballons mit einem Verb (z.B. to do) rot aus!
* Male alle Ballons mit einem Adjektiv (z.B. happy) blau aus!

More plurals

Die Regel, dass man (meist) ein -s anhängt, um ein Wort in den Plural zu setzen, kennst du ja schon. Endet das Wort jedoch mit -y, ist's ein bisschen kniffliger. Steht vor dem y ein Vokal (a, e, i, o und u), wird tatsächlich nur ein -s angehängt. In allen anderen Fällen verwandelt sich das y in ein ie, okay?

Also: baby – babies
oder: boy – boys

cherry

______

monkey

______

lady

______

family

______

butterflies

______

key

______

donkey

______

pony

______

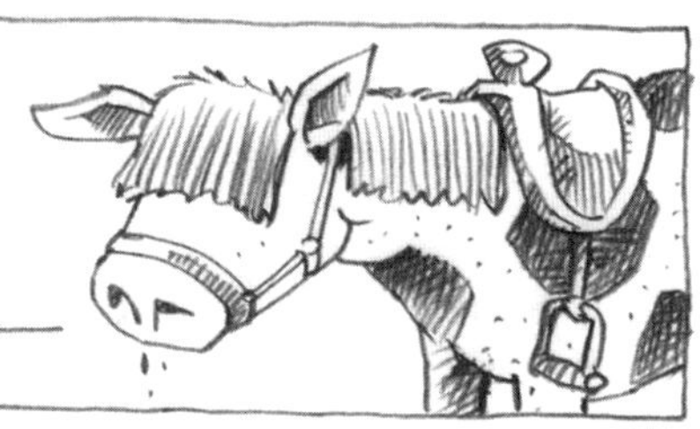

day

______

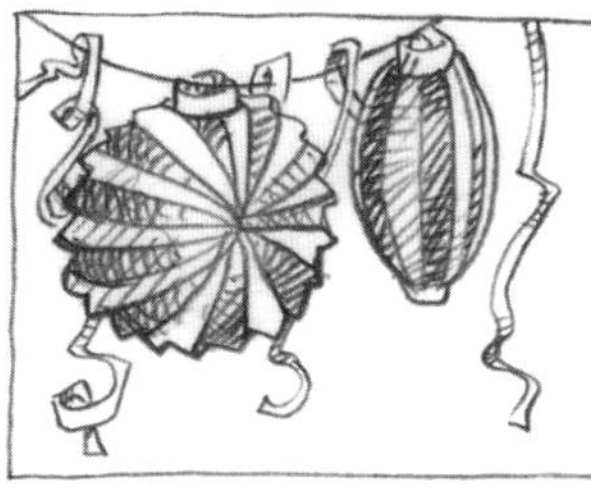
party

______

What time do they go to sleep?

Folge der Schnur und du erfährst, wer wann schlafen geht. Trag die Uhrzeiten in die passenden Kästchen ein!

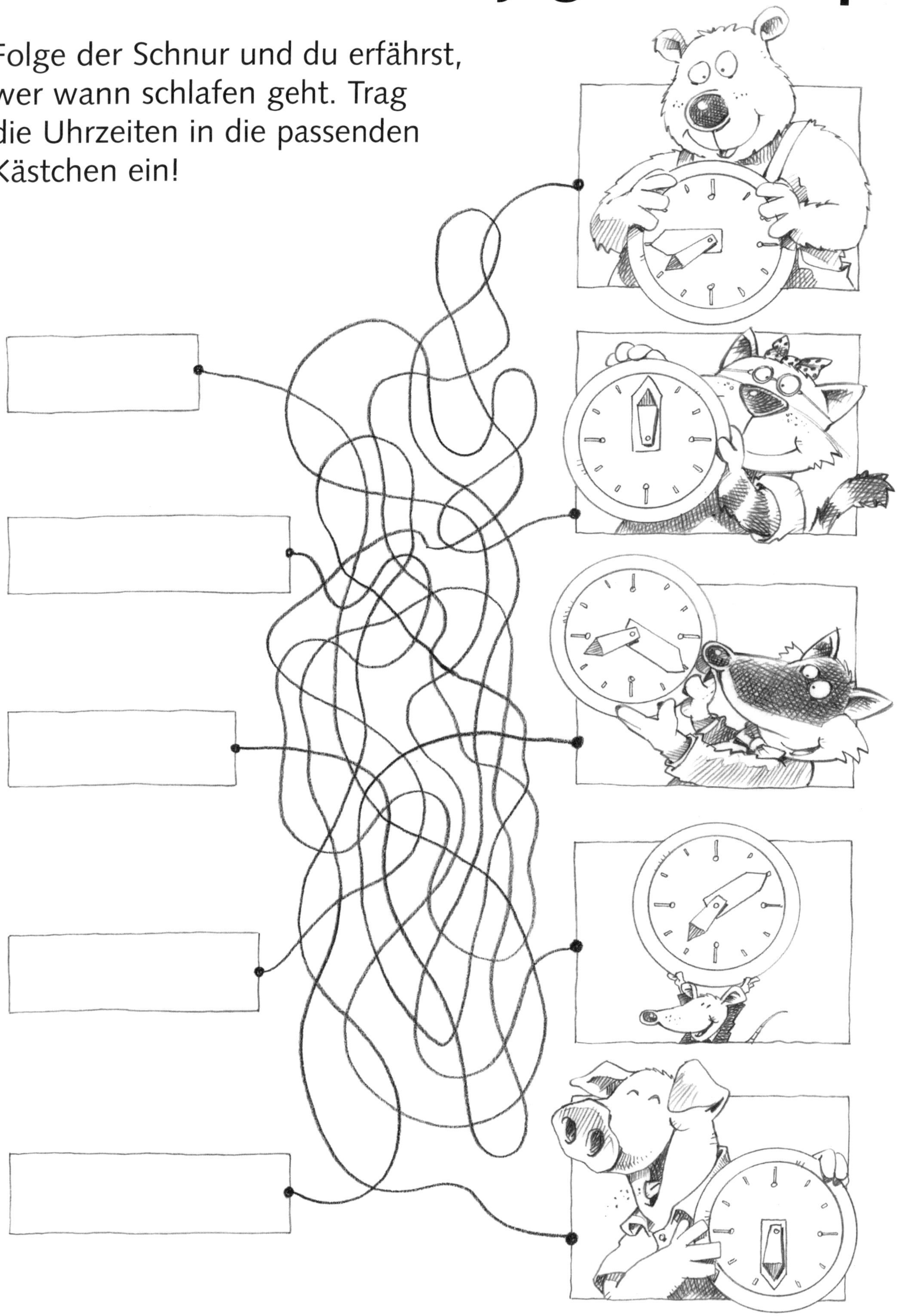

What month is it?

Ordne die Buchstaben richtig an und setze die Monatsnamen in die Kästchen ein. Die Säule verrät dir dann das Lösungswort.

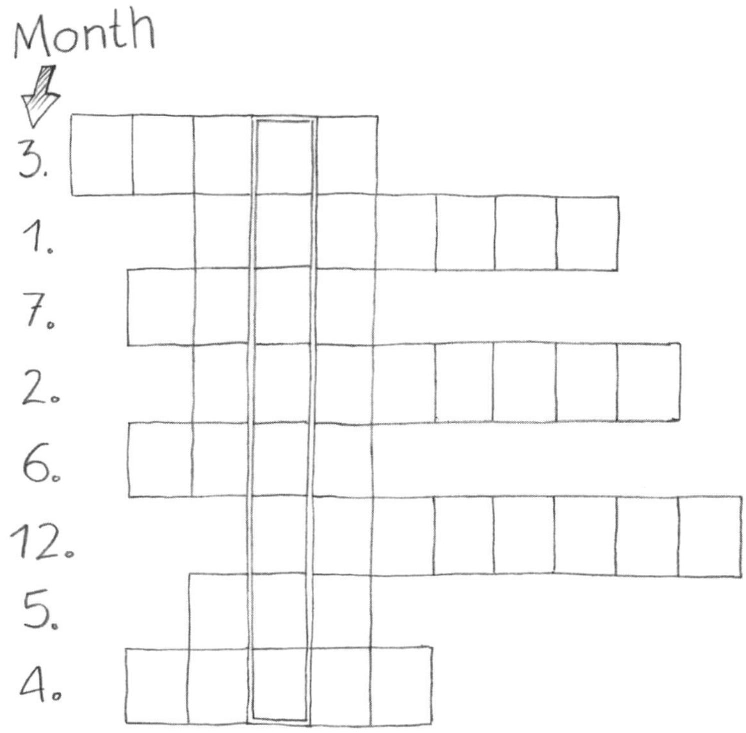

LÖSUNGSWORT: _ _ _ _ _ _ _ _ _

Es fehlen der 8., 9., 10. und 11. Monat, aber die sind sowieso ganz leicht:

8. _ _ _ _ _ _
9. _ _ _ _ _ _ _ _ _
10. _ _ _ _ _ _ _
11. _ _ _ _ _ _ _ _

Puzzle wheels

Möchtest du ein paar neue Wörter lernen? Das geht ganz einfach: Benenne die Gegenstände in den Rädern und setze deren Anfangsbuchstaben in die Kästchen. So ergibt sich pro Rad eine Lösung.

Tier heißt _ _ _ _ _ _

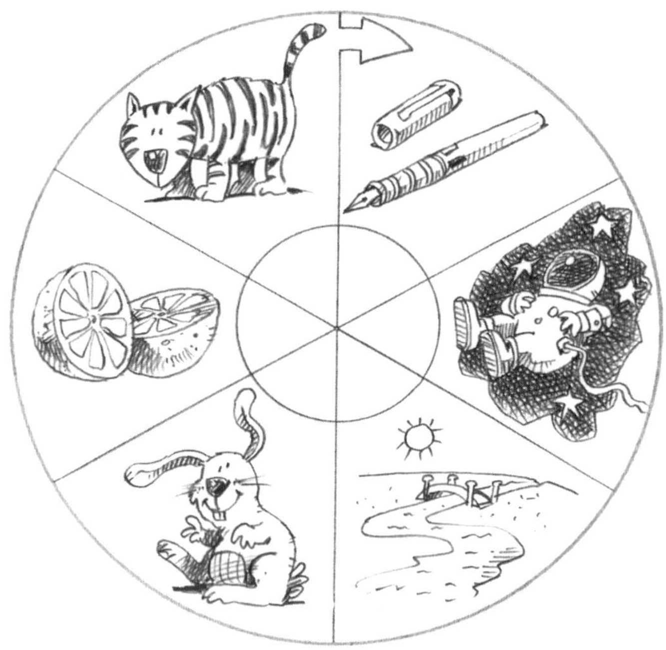

Papagei heißt _ _ _ _ _ _

Insel heißt _ _ _ _ _ _

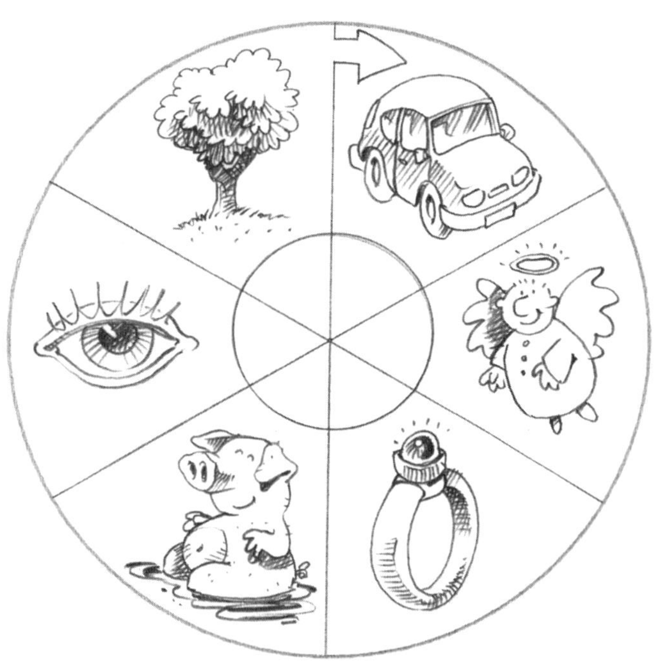

Teppich heißt _ _ _ _ _ _

Three or four letters?

Die Hälfte der hier abgebildeten Dinge haben drei Buchstaben, die andere Hälfte vier. Sortiere sie und schreibe sie in die richtige Spalte:

three letters		four letters

Clothes

Carol Cat will verreisen. Was packt sie in ihren Koffer?
Kreuze die richtigen Begriffe an.

What a hurry!

Margaret Mouse huscht hektisch durch ihr Zimmer.
Benenne die Gegenstände in ihrem Zimmer. Du findest alle Wörter unten auf dieser Seite.
Trage dann die Namen der nummerierten Gegenstände in das Gitter ein. Die markierte Säule verrät dir, wohin Margaret gehen muss.

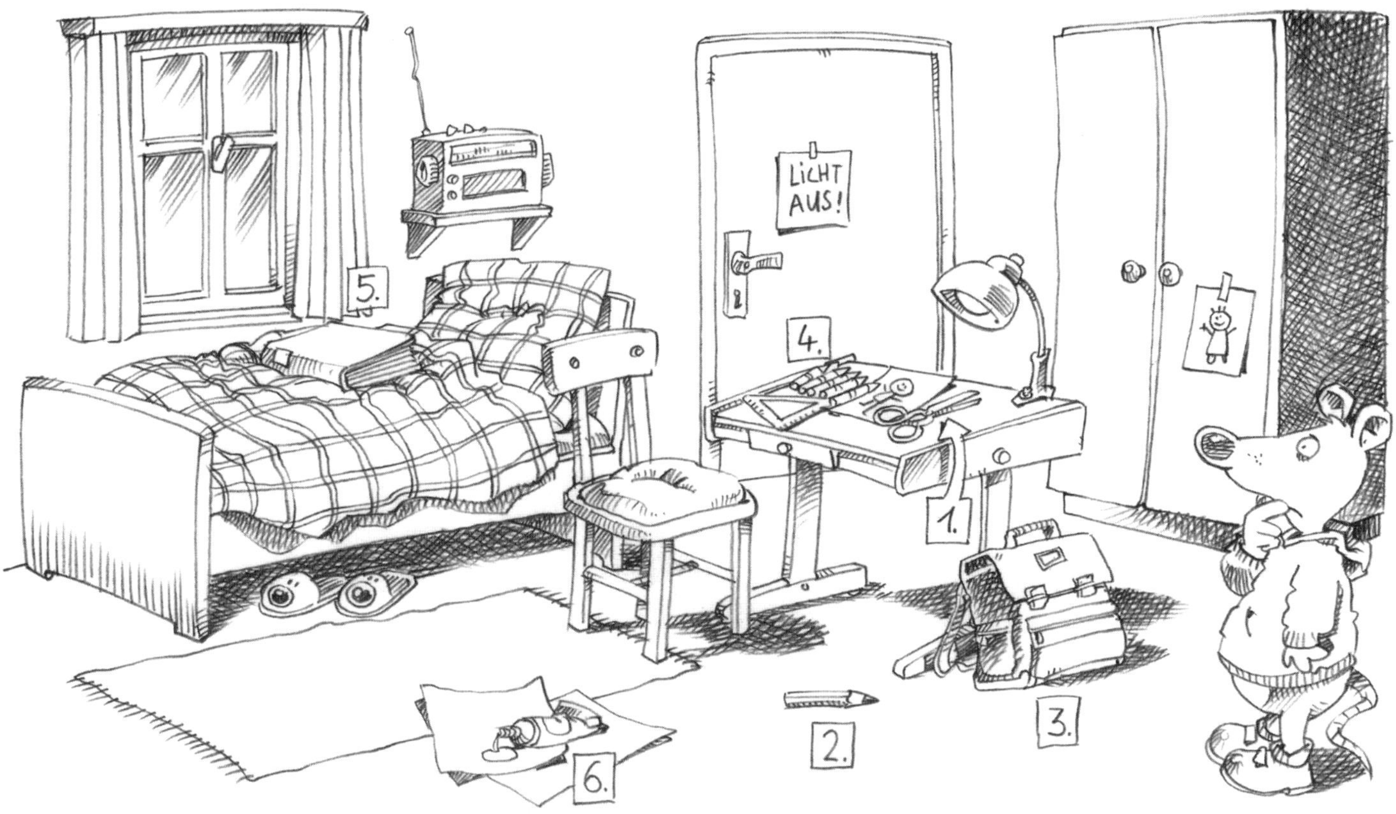

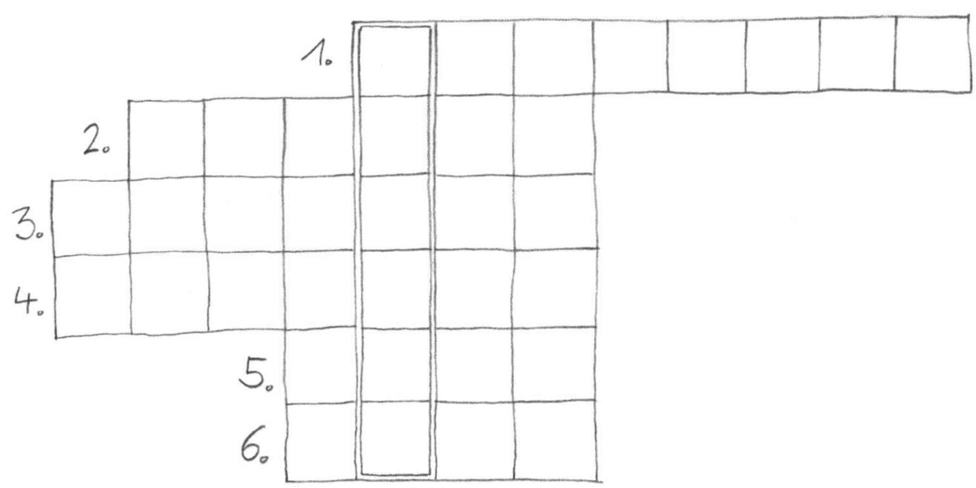

LÖSUNG: Margaret has to go to _ _ _ _ _ _!

bed, book, carpet, ceiling, chair, crayons, curtains, desk, door, floor, glue, pencil, radio, satchel, scissors, wardrobe, window

Find the first letters!

Ergänze die Wörter mit den passenden Anfangsbuchstaben und verbinde jedes Wort mit seinem Bild.

_ose	_uck
_ork	_ool
_ish	_oof
_oot	_ree
_orm	_ite
_ail	_ell
_oat	_all
_oll	_and

What does Peggy Pig like to eat?

Peggy Pig mag eigentlich alles, doch am liebsten mag sie ...? Das sagt dir die graue Spalte, wenn du alle Obstsorten richtig eingetragen hast. Setze die richtigen Puzzleteilchen zusammen und trage sie in das Gitter ein.

Can you draw some for her?

Which animals do you see?

cat, cow, dog, duck, frog, hen, pig, rabbit

Kannst du die Bilder dieser Tiere fertig malen?
Schreibe dann die passenden Wörter dazu.

Shopping list

Au weia – Carols Einkaufsliste ist zerrissen.
Jeweils ein Buchstabe fehlt. Ergänze die verstümmelten Wörter.

Na, alles ergänzt? Dann sagen dir die eingesetzten Buchstaben, von oben nach unten gelesen, das englische Wort für LEBENSMITTEL, nämlich: _ _ _ _ _ _ _ _ _

Find the right verb!

In dem folgenden Kästchen stehen die passenden Verben.
Ordne sie richtig zu!

carry – do – drink – eat – go – read – watch – wear – write

to ...... TV 	to ...... milk 	to ...... a book 
to ...... a sandwich 	to .... homework 	to .... a basket 
to .... a letter 	to .... to school 	to .... a raincoat 

What are they doing?

Bilde Sätze in der ing-Form
wie im Beispiel gezeigt:

to watch TV – Carol Cat is watching TV.

to carry
to drink
to wear
to eat
to do
to go
to read
to write

Peggy Pig is .... milk.
Sally Snail is .... a book.
David Dog is .... a sandwich.
Robert Rabbit is .... homework.
Margaret Mouse is .... a basket.
Cathy Cow is .... a letter.
Freddy Frog is .... to school.
Mr. Fox is .... a raincoat.

Strange plurals

Nicht alle Substantive hängen im Plural ein -s an. Manche sind etwas kniffliger. Findest du die passenden Pluralformen im Buchstabengitter?

a man

two ....

a mouse

two ....

a fish

two ....

a foot

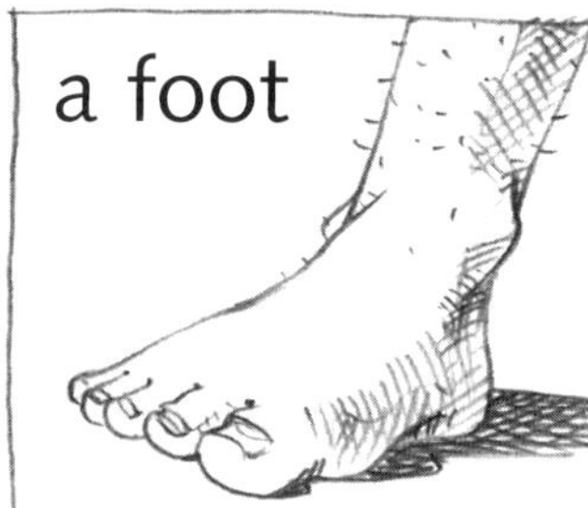

two ....

a child

two ....

M	I	C	E	W	O	P	W
E	T	H	H	S	W	O	A
N	F	I	S	H	O	T	T
W	A	L	S	E	M	A	R
E	A	D	T	E	E	T	H
L	L	R	Y	P	N	O	G
R	F	E	E	T	E	E	A
T	K	N	I	V	E	S	!

a woman

two ....

a tooth

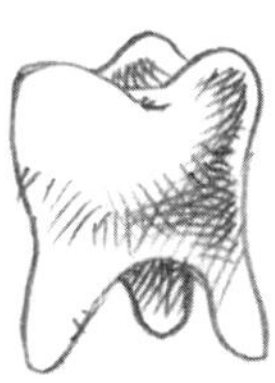

two ....

a sheep

two ....

a knife

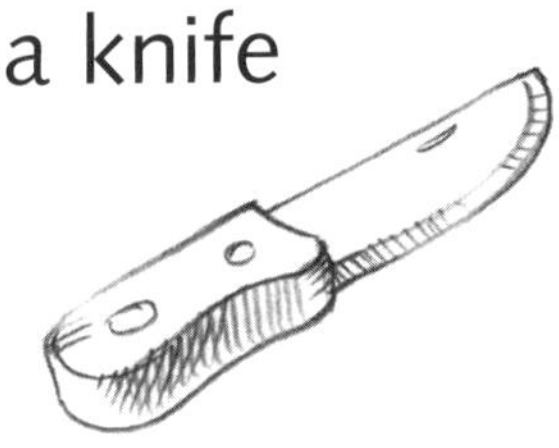

two ....

Die übrig gebliebenen Buchstaben ergeben, der Reihe nach gelesen:

_ _ _ , _ _ _ _   _ _ _   _ _ _ _ _ _
_ _ _ _ _!

a potato

two ....

What a strange animal!

Was für ein seltsames Tier. Kreuze unten an, welche einzelnen Tiere du erkennen kannst.

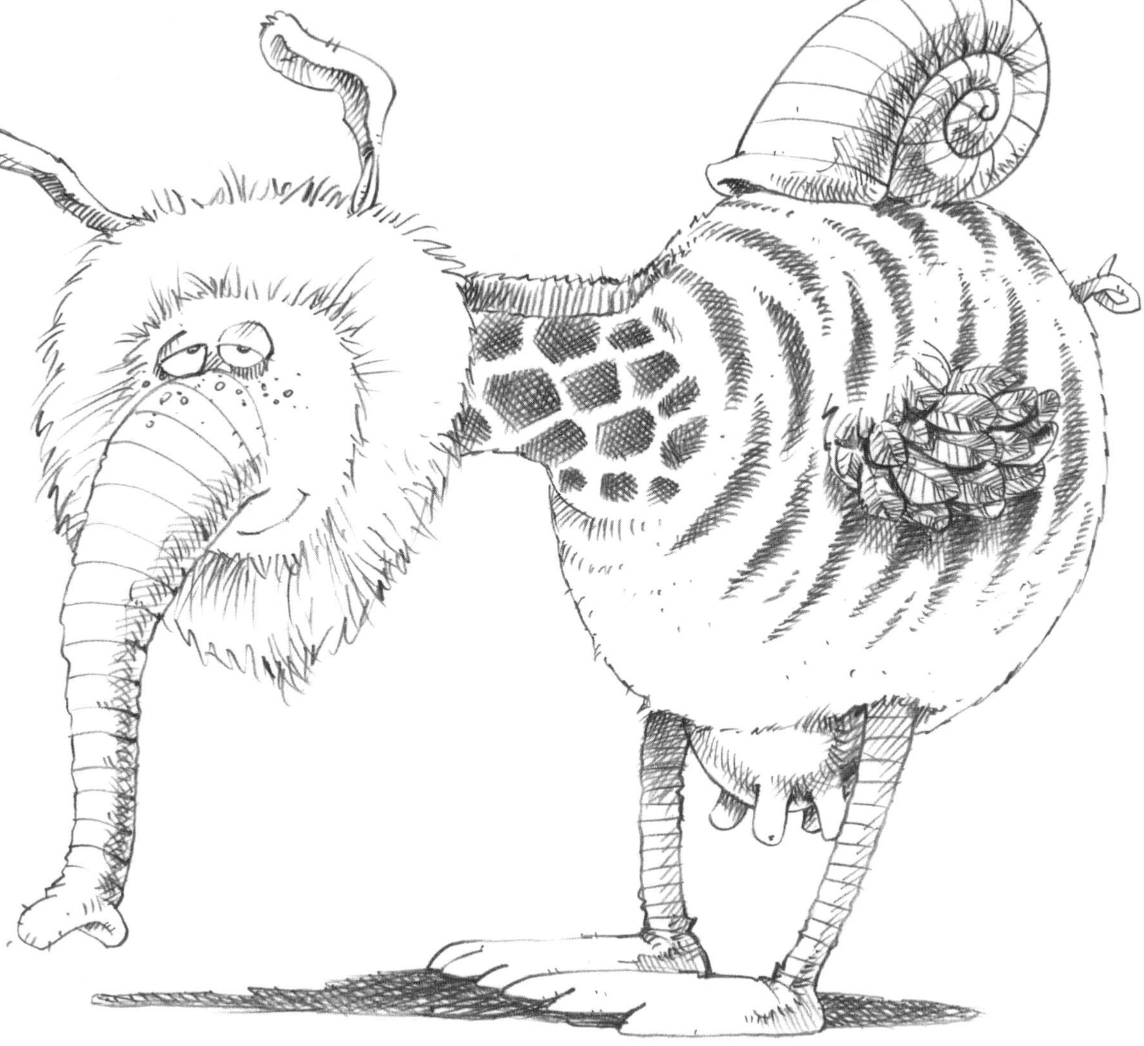

Welches Tier kam nicht vor?

English sayings

Setze die Namen der abgebildeten Tiere in die Sätze ein. Kanntest du diese Redewendungen schon?

Kleiner Tipp: Folgende Tiere kommen vor:
bird, bull, cats, chickens, dogs, fish, horse, sheep, worm

It's raining .... and ....

the black .... of the family.

to eat like a ....

to go to bed with the ....

to work like a ....

a .... in a china shop

like a .... out of water

The early bird catches the .....

Dinner time

Der Tisch ist gedeckt. Doch die Wörter sind alle durcheinander. Setze die Begriffe richtig in die Kästchen ein.

Secret words

Was sagt man in England, wenn man sich einen guten Appetit wünscht? Knack den Code und entziffere die unten abgebildeten Geheimzeichen:

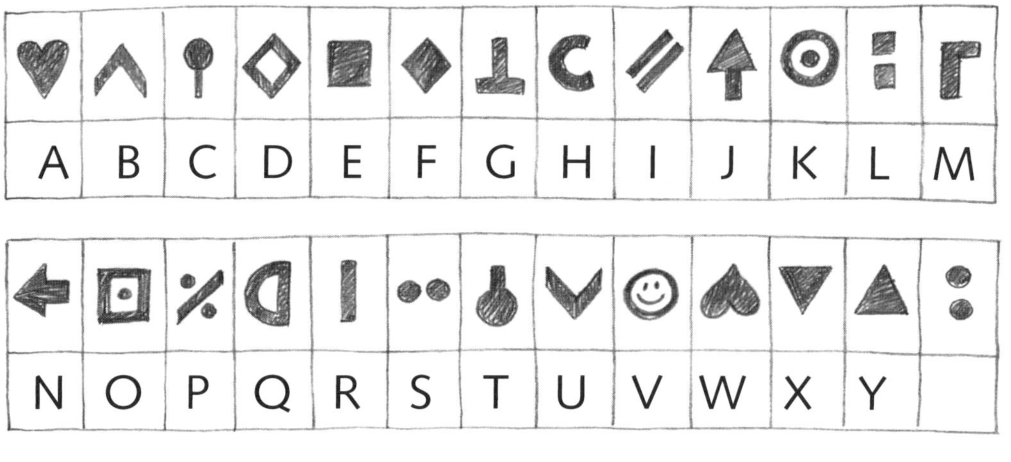

_ _ _ _ _   _ _ _ _   _ _ _ _ !!!

Dot to dot

Verbinde die Zahlen von eins bis dreißig.
Wen hast du dann vor dir?

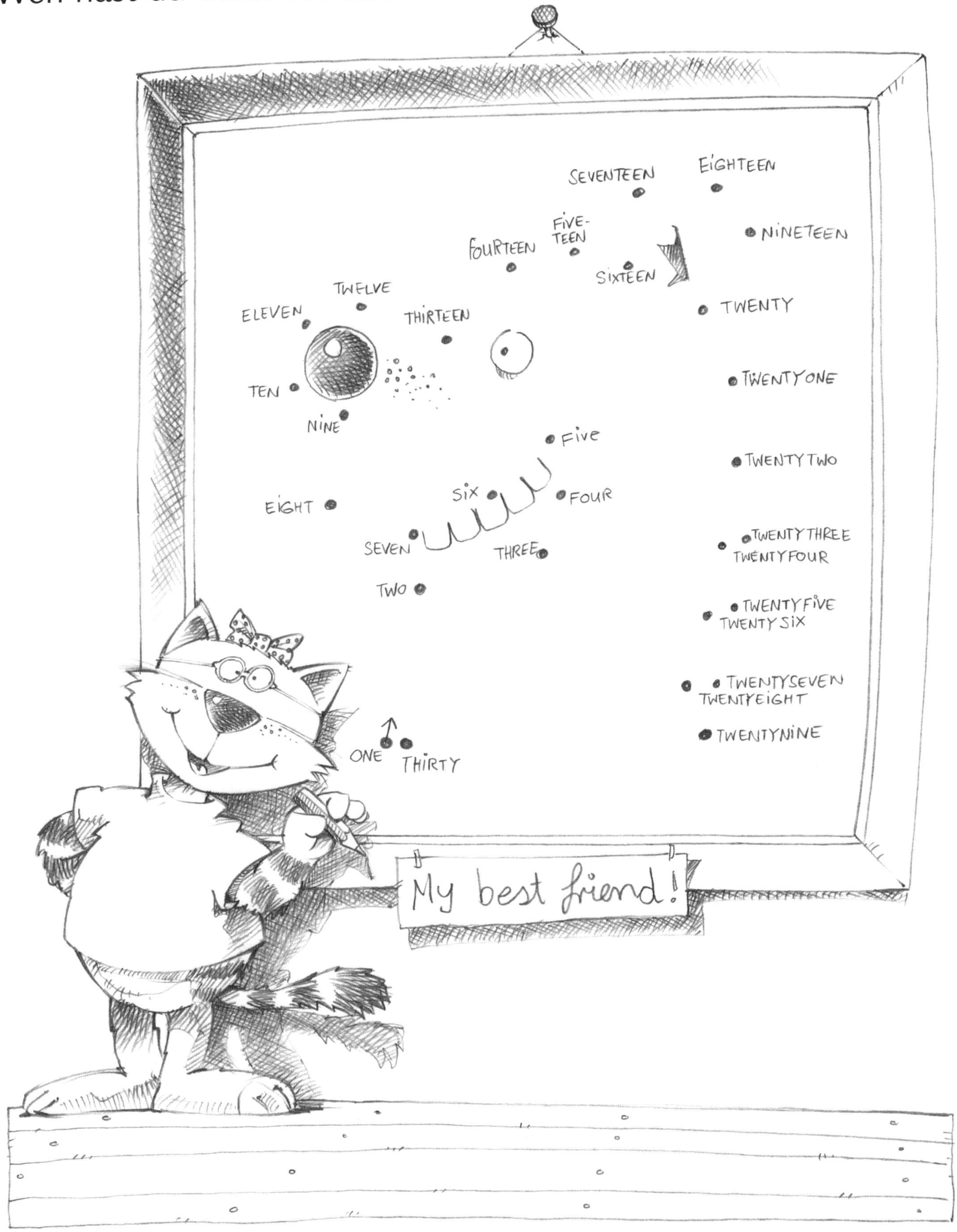

The body

Im Buchstabengitter findest du die Namen der Körperteile. Ordne sie richtig zu.

E	Y	E	M	O	U	T	H
H	A	N	D	F	O	O	T
S	H	O	U	L	D	E	R
H	A	K	N	E	E	I	S
N	I	A	M	G	A	E	I
A	R	M	S	T	R	O	M

Die übrig gebliebenen Buchstaben verraten dir:

_ _ _   _ _ _ _   _ _   _ _ _.

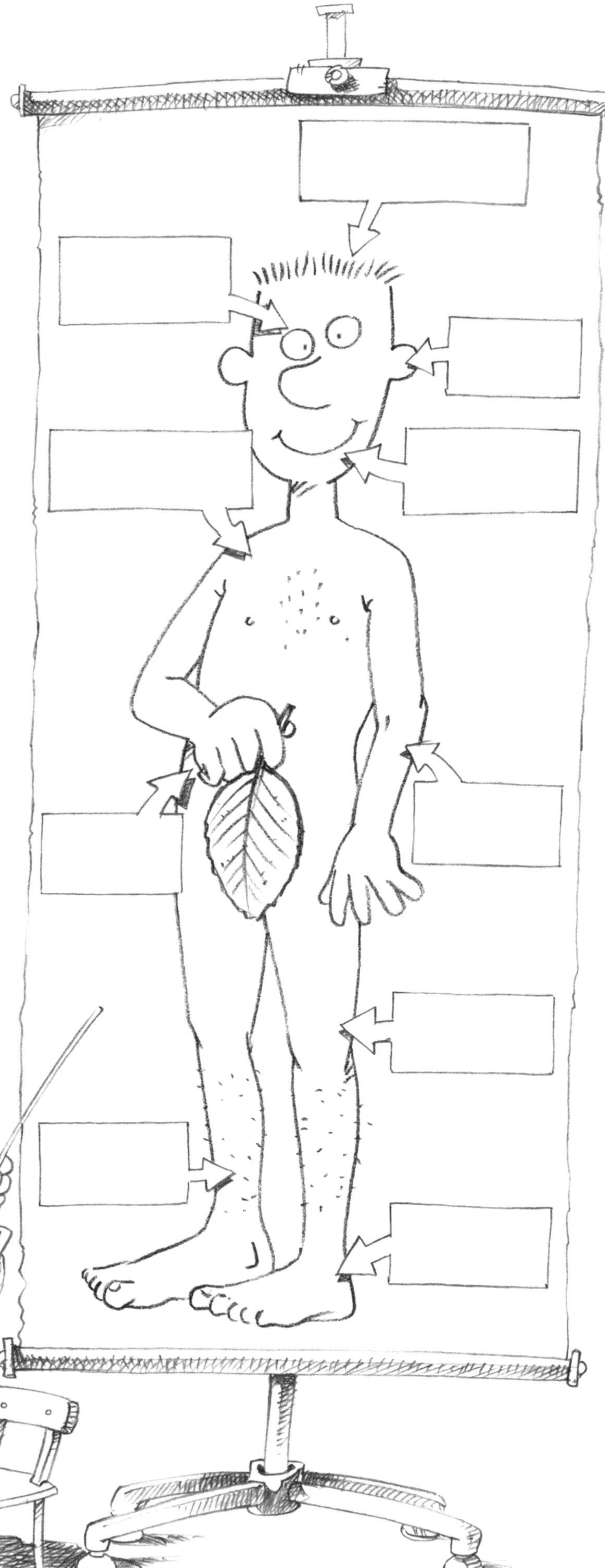

Sums

Hilfst du Margaret Mouse
bei den Hausaufgaben?

What doesn´t rhyme?

Was reimt sich nicht?

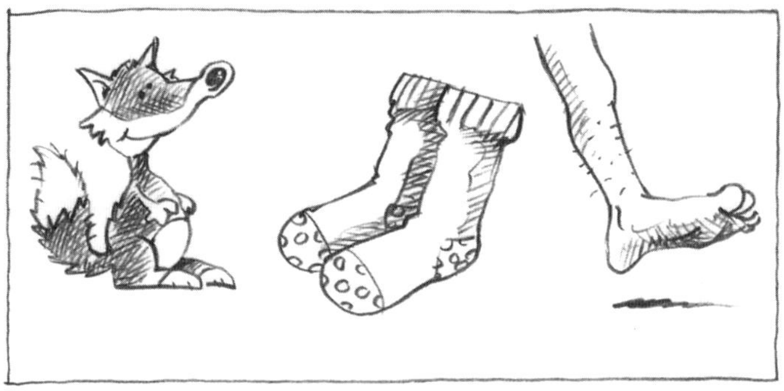

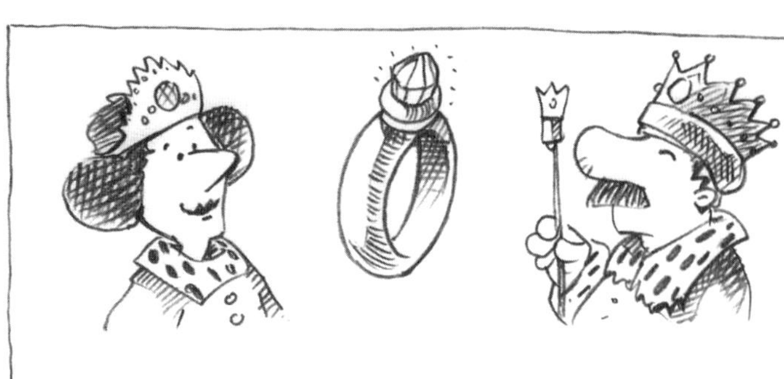

Days of the week

Trage die Wochentage
in das Gitter ein.
Montag = 1. Tag, usw.

4. Tag:

1. Tag:

L

5. Tag:

3. Tag:

2. Tag:

7. Tag:

6. Tag:

Na, alles richtig? Dann verrät dir die graue Säule das Wort der Tage, die dir sicher am liebsten sind:

What colour?

Male die Gegenstände in der Farbe aus, die verschlüsselt darauf steht.

Stell dir Fragen und beantworte sie!
What colour is the moon? It's ...
What colour is the car? It's ...
What colour is ...

OLYLEW	THIWE	REGNE
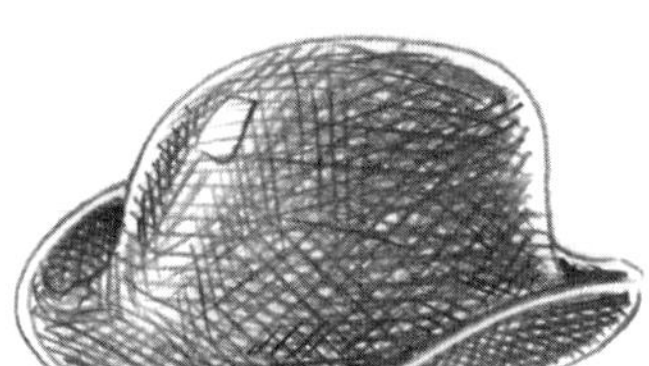		
LABCK	UBEL	WRONB

DRE	RYGE	ENGROA

Ee and oo

Fülle alle Kästchen dieses sonderbaren Baums aus. Verbinde jede Abbildung mit dem passenden Wort.

What are in the boxes?

Sortiere die Buchstaben in den Kästchen so, dass du damit Sätze bilden kannst. Dazu passende Adjektive findest du hier: small and green, wild, small and grey, clever, big and pink, very long, slow.

mal

eyoura

sihe

sishe

waree

eyoura

eatehyr

Opposites

Carol Cat hat beim Schnüreziehen alles durcheinander gebracht.
Male die passenden Wortgegensätze mit der selben Farbe aus.

Word trails

Kreise die abgebildeten Gegenstände im Wortgitter ein. Der letzte Buchstabe jedes Wortes ist zugleich der Anfangsbuchstabe des nächsten.

“Can you name six things that contain milk?“
“Of course! Chocolate, yoghurt, cocoa and three cows.”
Teacher: “Daniel, why are you so late?“
Daniel: “I saw a sign in the street that said: SCHOOL AHEAD - GO SLOW!”
“What do you give an elephant with big feet?“
“Plenty of room.”
“How can you tell if there’s an elephant in your oven?“
“You can’t get the door shut.”
“How do Eskimos dress?“
“Quickly!”
“What’s the best thing to put into a pizza?“
“Your teeth.”
“Mom, can I have two pieces of cake, please?“
“Of course, darling. Take this piece and cut it in two!”
“How do you know if there’s an elephant under your bed?“
“Your head touches the ceiling.”
“How many days of the week start with the letter T?“
“Four! Tuesday, Thursday, today and tomorrow.”
“What is the most popular sentence at school?“
“I don’t know.”
“Exactly!“
“Why is your little sister crying?“
“She is getting her teeth.”
“Oh, doesn’t she want them?“
“What goes into the water pink and comes out blue?“
“A swimmer on a cold day.”
JOKES

In the supermarket

Wer kauft was ein?
Trage die Begriffe ins Buchstabengitter ein.
Und wem gehört der noch leere Einkaufswagen?
Das verrät dir die markierte Säule.

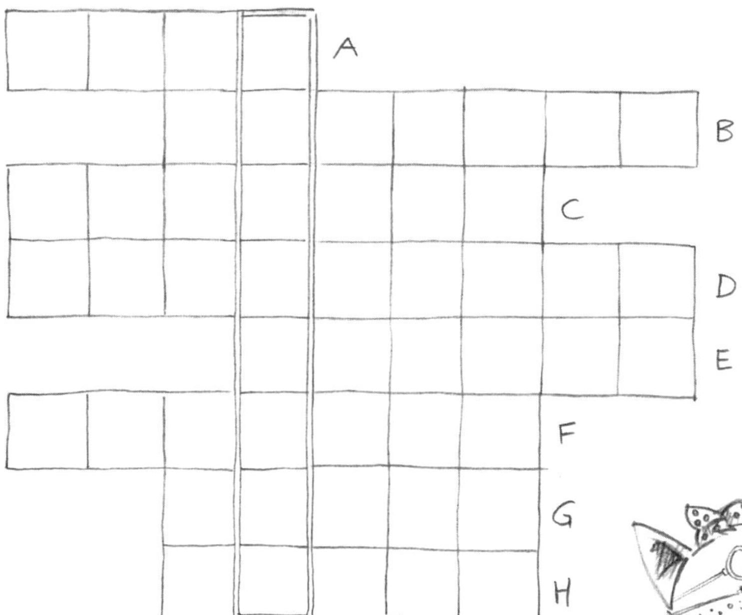

Der Einkaufswagen
gehört KEVIN

_ _ _ _ _ _ _ _ _

A
B
H
C
SPAGHETTI
SPAGHETTI
SPAGHETTI
SPAGHETTI
F
D

A big surprise

Carol Cat hat Geburtstag. Ihre Freunde haben ihr viele Pakete geschickt. Trage zuerst die Namen der Geschenke in das Buchstabengitter und dann die Buchstaben der nummerierten Kästchen unten ein. So erfährst du, was ihr Carols Freunde wünschen.

1.			11		5				2	
2.		1								
3.			6	8						
4.		7		13						
5.				9						
6.		3	4							
7.		12								
8.	10									

Which word doesn´t fit?

Jeder hat einen „falschen" Ballon in der Hand, der nicht zu den anderen passt. Streiche den nicht passenden Ballon bei jedem durch!

Where are they?

Wähle das jeweils passende Wort aus, um die Sätze zu vervollständigen. Was passt: on, in, under, in front of oder behind?

The pig is .... the sofa.	The duck is .... the box.
The mouse is .... the pig.	The snail is .... the table.
The fox is .... the sofa.	The frog is .... the table.
The snake is .... the sofa.	The cake is .... the table.
The cat is .... the table.	The candle is ..... the cake.
The hat is .... the pig.	The ball is ..... the box.

Time to say goodbye ...

Setze nach Belieben ein, wie deine neuen Freunde sich von dir verabschieden!

Have a good time! Goodbye! Bye-bye! Have a nice day! Cheerio! So long! Goodbye and good luck! Take care! See you!

Solutions

S. 3 THESE ARE ALL MY BEST FRIENDS

S. 6 mouse – ball; fork – spoon; eye – finger; cup – bottle; banana – egg; lion – snake; hen – rabbit; plate – star

S. 8

ANGEL	KNIFE	HORSE	TOMATO
MONKEY	CHERRY	KITE	SATCHEL
PINEAPPLE	PARROT	GHOST	UMBRELLA
NAIL	IGLOO	SLEDGE	DRESS
UNICORN	SCISSORS	PIG	ICECREAM

S. 9 box – boxes, bus – busses, bush – bushes, brush – brushes, church – churches, glass – glasses, peach – peaches, watch – watches, witch – witches

S. 10 AN: astronaut, angel, apple, egg, eye, elephant, umbrella, orange, igloo, owl
A: baby, bear, church, doll, foot, ghost, key, mouse, ring, bridge
Merke: Beginnt das Wort mit einem Vokal (also a, e, i, o, u), heißt der Artikel an, ansonsten a!

S. 11 GREAT

S. 12 one, two, three, four, five, six, seven, eight, nine, ten

S. 13 tree – table, camel – church, bird – boat, apple – astronaut, horse – hand, leg – lamp

S. 14/15 wet – rat – hat, thing – king – ring, (to) make – cake – snake, white – night – kite, bee – knee – tree, (to) go – window – cow, soon – moon – spoon, blue – igloo – shoe, big – twig – pig

S. 16

S. 17 PERFECT

S. 18 FINE

S. 19
1. mother
2. father
3. brother
4. grandfather
5. grandmother
6. sister
7. me

S. 20 kangaroo – blue, sleigh – grey, clown – brown, sink – pink, window – yellow, kite – white, bed – red, bean – green, backpack – black

S. 21 RAINBOW

S. 22 gelb: chair, table, house, man, bus
rot: to sing, to dance, to go, to read, to write
blau: sad, green, small, funny, interesting

S. 23 cherries, ladies, bakeries, donkeys, days, monkeys, families, keys, ponies, parties

S. 24 Midnight, a quarter to eight, half past six, ten past seven, twenty past eight

S. 25 CALENDAR

S. 26 animal – parrot – island – carpet

S. 27 three letters: sun, key, pig, hen, dog, cup, car, boy, bus, bed, hat
four letters: bird, book, moon, star, ring, door, frog, girl, lion, lamp, bell

S. 28 cap – boots – trousers – T-shirt – scarf – swimsuit – suit – socks – raincoat

S. 29 SCHOOL

S. 30 rose, fork, fish, foot, worm, nail, boat, doll, duck, wool, roof, tree, kite, bell, ball, hand

S. 31 ICE-CREAM

S. 32

S. 33 GROCERIES

S. 34 1. Spalte: watch, drink, read
2. Spalte: eat, do, carry
3. Spalte: write, go, wear

S. 35 drinking, reading, eating, doing, carrying, writing, going, wearing

S. 36 men, mice, fish, feet, children, women, teeth, sheep, knives, potatoes

WOW, THAT WAS REALLY GREAT!

S. 37 Snake

S. 38 It´s raining cats and dogs.
the black sheep of the family
to eat like a bird
to go to bed with the chickens
to work like a horse
a bull in a china shop
like a fish out of water
The early bird catches the worm.

S. 39 glass, fork, knife, plate, bowl, salt, spoon, napkin, pepper, bottle

S. 40 ENJOY YOUR MEAL!

S. 41 David Dog

S. 42 HIS NAME IS TOM.

S. 43

a) twelve	g) five
b) four	h) three
c) six	i) ten
d) eight	j) two
e) eleven	k) nine
f) one	l) seven

S. 44

S. 45 HOLIDAYS

S. 46 moon – yellow, car – white, frog – green, hat – black, ball – blue, cow – brown, rose – red, elephant – grey, carrot – orange

S. 47 ee: bee, tree, feet, beer, teeth, sheep, cheese
oo: moon, book, foot, tooth, spoon, door, wood

S. 48 I am big and pink.
You are small and green.
He is wild.
She is small and grey.
We are clever.
You are very long.
They are slow.

S. 49 easy – difficult, happy – sad, ugly – pretty, poor – rich, cold – warm, short – long, quick – slow, late – early, big – small, quiet – loud, old – young, dry – wet

S. 50

S. 52/53 Der Einkaufswagen gehört KEVIN KANGOROO.

S. 54 HAPPY BIRTHDAY

S. 55 sweet, leg, house, boat, coat

S. 56 The pig is on the sofa.
The mouse is on the pig.
The fox is behind the sofa.
The snake is under the sofa.
The cat is behind the table.
The hat is on the pig.
The duck is in the box.
The snail is on the table.
The frog is under the table.
The cake is on the table.
The candle is in the cake.
The ball is in front of the box.

Dictionary

a, an [eɪ / ə, ən / æn]	ein, eine, einer
about [ə'baʊt]	über (ein Thema)
address [ə'dres]	Adresse
(I'm) afraid [(aɪm) ə'freɪd]	(ich) fürchte
ahead [ə'hed]	weiter vorne, geradeaus
alien ['eɪlɪən]	Außerirdischer
all [ɔ:l]	alle, alles
alphabet ['ælfəbet]	Alphabet
always ['ɔ:lweɪz]	immer
and [ænd]	und
angel ['eɪndʒəl]	Engel
animal ['ænɪməl]	Tier
answer ['ɑ:nsə(r)]	Antwort
anything ['enɪθɪŋ]	(irgend) etwas
apple ['æpl]	Apfel
April ['eɪprɪl]	April
are [ɑ:(r)]	Form von "to be" (you are: du bist, ihr seid, we are: wir sind)
arm [ɑ:m]	Arm
astronaut ['æstrənɔ:t]	Astronaut
August ['ɔ:gəst]	August
away [ə'weɪ]	weg

baby ['beɪbɪ]	Baby
backpack ['bækpæk]	Rucksack
bad luck [bæd lʌk]	Pech
bag [bæg]	Handtasche
bakery ['beɪkərɪ]	Bäckerei
ball [bɔ:l]	Ball
balloon [bə'lu:n]	Luftballon
banana [bə'nɑ:nə]	Banane
basket ['bɑskɪt]	Korb
to be [tʊ bɪ:]	sein
bean [bi:n]	Bohne
bear [bɛə(r)]	Bär
because [bɪ'kɒz]	weil
bed [bed]	Bett
bee [bi:]	Biene
beer [bɪə(r)]	Bier
behind [bɪ'haɪnd]	hinter
bell [bel]	Glocke
best [best]	der / die / das Beste
bicycle ['baɪsɪkl]	Fahrrad
big [bɪg]	groß
bike [baɪk]	Fahrrad
bird [bɜ:d]	Vogel
birthday ['bɜ:ðdeɪ]	Geburtstag
to bite [tʊ baɪt]	beißen
black [blæk]	schwarz
blouse [blaʊz]	Bluse
blue [blu:]	blau
boat [bəʊt]	Boot
body ['bɒdɪ]	Körper
bone [bəʊn]	Knochen
book [bʊk]	Buch
boots [bu:ts]	Stiefel
bottle ['bɒtl]	Flasche
bowl [bəʊl]	Schüssel
box [bɒks]	Karton, Schachtel
boy [bɔɪ]	Junge
bridge [brɪdʒ]	Brücke
brother ['brʌðə(r)]	Bruder
brown [braʊn]	braun
brush [brʌʃ]	Pinsel
bus [bʌs]	Bus
bush [bʊʃ]	Busch
butter ['bʌtə(r)]	Butter
butterfly ['bʌtəflaɪ]	Schmetterling
bye-bye ['baɪ'baɪ]	Tschüss

cake [keɪk]	Kuchen
to call [tʊ kɔ:l]	rufen, nennen
camel ['kæməl]	Kamel
can / can't [kæn / kɑ:nt]	können / nicht können
candle ['kændl]	Kerze
cap [kæp]	Mütze, Kappe
car [kɑ:(r)]	Auto
carpet ['kɑ:pɪt]	Teppich
carrot ['kærət]	Karotte, Möhre
to carry [tʊ 'kærɪ]	tragen
cat [kæt]	Katze
to catch [tʊ kætʃ]	fangen
ceiling ['sɪ:lɪŋ]	Zimmerdecke
chair [tʃɛə(r)]	Stuhl
cheerio ['tʃɪərɪ'əʊ]	tschüss
cheese [tʃɪ:z]	Käse
cherry ['tʃerɪ]	Kirsche
child / children [tʃaɪld / 'tʃɪldrən]	Kind / Kinder
china shop ['tʃaɪnə ʃɒp]	Porzellanladen
chocolate ['tʃɒklɪt]	Schokolade
church [tʃɜ:tʃ]	Kirche
clever ['klevə(r)]	schlau
o'clock [ə'klɒk]	Uhr
clothes [kləʊðz]	Kleidung
cloud [klaʊd]	Wolke
clown [klaʊn]	Clown
coat [kəʊt]	Mantel
cock [kɒk]	Hahn
cocoa ['kəʊkəʊ]	Kakao
coffee ['kɒfɪ]	Kaffee
Coke [kəʊk]	Cola
cold [kəʊld]	kalt
colour ['kʌlə(r)]	Farbe
to contain [tʊ kən'teɪn]	enthalten
cornflakes ['kɔ:nfleɪks]	Cornflakes
to count [tʊ kaʊnt]	zählen
cow [kaʊ]	Kuh
crayons ['kreɪəns]	Buntstifte
crocodile ['krɒkədaɪl]	Krokodil
to cry [tʊ kraɪ]	weinen
cup [kʌp]	Tasse
curtain ['kɜ:tɪn]	Vorhang
to cut [tʊ kʌt]	schneiden

to **d**ance [tʊ dɑ:ns]	tanzen
darling ['dɑ:lɪŋ]	Liebling
day [deɪ]	Tag
desk [desk]	Schreibtisch
to die [tʊ daɪ]	sterben
difficult ['dɪfɪkəlt]	schwierig
dinner ['dɪnə(r)]	Mittag-, Abendessen
dinosaur ['daɪnəsɔ:(r)]	Dinosaurier
dirty ['dɜ:tɪ]	schmutzig
to do [tʊ du:]	tun, machen
dog [dɒg]	Hund
doll [dɒl]	Puppe
donkey ['dɒŋkɪ]	Esel
door [dɔ:(r)]	Tür
dot [dɒt]	Punkt, Pünktchen
double ['dʌbl]	doppelt
to draw [tʊ drɔ:]	zeichnen
dress [dres]	Kleid
to dress [tʊ dres]	sich ankleiden
to drink [tʊ drɪŋk]	trinken
dry [draɪ]	trocken
duck [dʌk]	Ente

ear [ɪə(r)]	Ohr
early ['ɜ:lɪ]	früh
easy ['i:zɪ]	leicht
to eat [tʊ i:t]	essen
egg [eg]	Ei
eight [eɪt]	acht
eighteen ['eɪ'ti:n]	achtzehn
elbow ['elbəʊ]	Ellbogen
elephant ['elɪfənt]	Elefant
eleven [ɪ'levn]	elf
empty ['emptɪ]	leer
to enjoy [tʊ ɪn'dʒɔɪ]	genießen
Eskimo ['eskɪməʊ]	Eskimo
every time ['evrɪ taɪm]	jedesmal
exactly [ɪg'zæktlɪ]	genau, richtig
eye [aɪ]	Auge

to **f**all over [tʊ fɔ:l 'əʊvə(r)]	umfallen
to fall asleep [tʊ fɔ:l ə'sli:p]	einschlafen
false [fɔ:ls]	falsch, unecht
family ['fæmɪlɪ]	Familie
far [fɑ:(r)]	weit
farm [fɑ:m]	Farm, Bauernhof
father ['fɑ:ðə(r)]	Vater
February ['februərɪ]	Februar
fifteen ['fɪf'ti:n]	fünfzehn
to find [tʊ faɪnd]	finden
fine [faɪn]	gut, fein
finger ['fɪŋgə(r)]	Finger
fish [fɪʃ]	Fisch
to fit [tʊ fɪt]	passen
five [faɪv]	fünf
flamingo [flə'mɪŋgəʊ]	Flamingo
floor [flɔ:(r)]	Fußboden
flower ['flaʊə(r)]	Blume
to fly [tʊ flaɪ]	fliegen
food [fu:d]	Essen
fool [fu:l]	Dummkopf
foot / feet [fu:t / fi:t]	Fuß / Füße
to forget [tʊ fə'get]	vergessen
fork [fɔ:k]	Gabel
four [fɔ:(r)]	vier
fourteen ['fɔ:'ti:n]	vierzehn
fox [fɒks]	Fuchs
Friday ['fraɪdɪ]	Freitag
friend [frend]	Freund / Freundin
frog [frɒg]	Frosch
full [fʊl]	voll
funny ['fʌnɪ]	lustig

garden ['gɑ:dn]	Garten
to get [tʊ get]	bekommen
(I've) got [(aɪv) gɒt]	ich habe, besitze
ghost [gəʊst]	Geist, Gespenst
giraffe [dʒɪ'rɑ:f]	Giraffe
girl [gɜ:l]	Mädchen

to give [tʊ gɪv]	geben
glass [glɑːs]	Glas
glasses [glɑːsɪs]	Brille
glue [gluː]	Kleber
to go [tʊ gəʊ]	gehen
good [gʊd]	gut
goodbye [gʊd baɪ]	Auf Wiedersehen
grandfather ['grændfɑːðə(r)]	Großvater
grandmother ['grændmʌðə(r)]	Großmutter
grapes [greɪps]	Trauben
green [griːn]	grün
grey [greɪ]	grau
groceries ['grəusərɪs]	Lebensmittel
to be grown up [tʊ biː grəʊn ʌp]	erwachsen sein
hair [hɛə(r)]	Haar
half past [hɑːf pɑːst]	halb nach … (Uhrzeit)
ham [hæm]	Schinken
hammer ['hæmə(r)]	Hammer
hand [hænd]	Hand
handbag ['hændbæg]	Handtasche
happy ['hæpɪ]	glücklich
hat [hæt]	Hut
to hate [tʊ heɪt]	hassen
to have [tʊ hæv]	haben
have you got? [hæv juː gɒt]	Haben Sie / hast du?
he [hiː]	er
head [hed]	Kopf
to hear [tʊ hɪə(r)]	hören
heaven ['hevn]	Himmel
hen [hen]	Huhn / Henne
hippo ['hɪpəʊ]	Fluss-, Nilpferd
hole [həʊl]	Loch
holidays ['hɒlɪdɪs]	Ferien
at home [æt həʊm]	zu Hause
homework ['həʊmwɜːk]	Hausaufgaben
honey ['hʌnɪ]	Honig
to hop [tʊ hɒp]	hüpfen
horse [hɔːs]	Pferd
hot [hɒt]	heiß
house [haʊs]	Haus
how? [haʊ]	wie?
how many? [haʊ 'menɪ]	wie viele?
hurry ['hʌrɪ]	Eile
I [aɪ]	ich
ice-cream ['aɪskriːm]	Eiskrem
if [ɪf]	ob, falls, wenn
igloo ['ɪgluː]	Iglu
in [ɪn]	in
in front of [ɪn frɒnt əv / ɒv]	vor
insect ['ɪnsekt]	Insekt
inside [ɪn'saɪd]	innen, Innenseite
interesting ['ɪntrɪstɪŋ]	interessant
island ['aɪlənd]	Insel
January ['dʒænjʊərɪ]	Januar
juice [dʒuːs]	Saft
July [dʒʊ'laɪ]	Juli
June [dʒuːn]	Juni
just [dʒʌst]	genau
kangaroo ['kæŋgə'ruː]	Känguru
to keep doing something [tʊ kiːp 'duːɪŋ 'sʌmθɪŋ]	ständig etwas tun
key [kiː]	Schlüssel
king [kɪŋ]	König
kite [kaɪt]	Papierdrachen
knee [nɪː]	Knie
knife / knives [naɪf / naɪvz]	Messer
to know [tʊ nəʊ]	wissen
lady ['leɪdɪ]	Dame
lake [leɪk]	See
lamp [læmp]	Lampe
late [leɪt]	spät
to laugh [tʊ lɑːf]	lachen
leg [leg]	Bein
lemon ['lemən]	Zitrone
leopard ['lepəd]	Leopard
letter ['letə(r)]	Brief, Buchstabe
to lift [tʊ lɪft]	heben
like [laɪk]	wie
like this [laɪk ðɪs]	so
to like [tʊ laɪk]	mögen
lion ['laɪən]	Löwe
little ['lɪtl]	klein
to live [tʊ lɪv]	leben
long [lɒŋ]	lang
to look [tʊ lʊk]	schauen
loud [laʊd]	laut
to **m**ake [tʊ meɪk]	machen
man / men [mæn / men]	Mann / Männer
many ['menɪ]	viele
March [mɑːtʃ]	März
May [meɪ]	Mai
me [mɪː]	ich, mich
meal [miːl]	Mahl(zeit)
melon ['melən]	Melone
midnight ['mɪdnaɪt]	Mitternacht
milk [mɪlk]	Milch
missing ['mɪsɪŋ]	fehlend
Mom [mɒm]	Mama
Monday ['mʌndɪ]	Montag
monkey ['mʌnkɪ]	Affe
month [mʌnθ]	Monat
moon [muːn]	Mond
more [mɔː(r)]	mehr
mother ['mʌðə(r)]	Mutter
mouse / mice [maʊs / maɪs]	Maus / Mäuse
mouth [maʊθ]	Mund
museum [mjuː'zɪəm]	Museum
my [maɪ]	mein/e
nail [neɪl]	Nagel
name [neɪm]	Name
napkin ['næpkɪn]	Serviette
nearly ['nɪəlɪ]	fast
to need [tʊ nɪːd]	brauchen
nest [nest]	Nest
new [njuː]	neu
newspaper ['njuːzpeɪpə(r)]	Zeitung
night [naɪt]	Nacht
nine [naɪn]	neun
nineteen ['naɪn'tiːn]	neunzehn
no [nəʊ]	nein
noise [nɔɪz]	Lärm
nose [nəʊz]	Nase
not [nɒt]	nicht
November [nəʊ'vembə(r)]	November
October [ɒk'təʊbə(r)]	Oktober
octopus ['ɒktəpəs]	Tintenfisch
odd one out! [ɒd wʌn aʊt]	nicht Passendes raus!
of course [ɒv / əv kɔːs]	natürlich
old [əʊld]	alt
on [ɒn]	auf
one [wʌn]	eins
to open [tʊ 'əʊpən]	öffnen
opposite ['ɒpəzɪt]	Gegenteil
orange ['ɒrɪndʒ]	Orange / orange
other ['ʌðə(r)]	andere / anderer / anderes
out [aʊt]	raus
to come out [tʊ kʌm aʊt]	herauskommen
out of [aʊt ɒv / əv]	außerhalb
outside [aʊt'saɪd]	Außenseite
oven [ʌvn]	Backofen
owl [aʊl]	Eule
pair [pɛə(r)]	Paar (Sachen)
parrot ['pærət]	Papagei
party ['pɑːtɪ]	Party / Fest
past [pɑːst]	nach
peach [piːtʃ]	Pfirsich
pear [pɛə(r)]	Birne
pen [pen]	Füller
pencil ['pensl]	Bleistift
penguin ['peŋgwɪn]	Pinguin
perfect ['pɜːfɪkt]	perfekt
piece [pɪːs]	Stück
pig [pɪg]	Schwein
pilot ['paɪlət]	Pilot
pineapple ['paɪnæpl]	Ananas
pink [pɪŋk]	rosa
plane [pleɪn]	Flugzeug
plate [pleɪt]	Teller
to play [tʊ pleɪ]	spielen
please [pliːz]	bitte
plenty of ['plentɪ ɑv / əv]	viele
plural ['plʊərəl]	Mehrzahl
policeman [pə'liːsmæn]	Polizist
pony ['pəʊnɪ]	Pony
poor [pʊə(r)]	arm
popular ['pɒpjʊlə(r)]	beliebt
potato / potatoes [pə'teɪtəʊ / pə'teɪtəʊs]	Kartoffel/n
pretty ['prɪtɪ]	hübsch
to put [tʊ pʊt]	setzen
a **q**uarter [ə 'kwɔːtə(r)]	ein Viertel
queen [kwɪːn]	Königin
question ['kwestʃən]	Frage
quick [kwɪk]	schnell
quiet ['kwaɪət]	ruhig
rabbit ['ræbɪt]	Kaninchen
radio ['reɪdɪəʊ]	Radio
rain [reɪn]	Regen
rainbow ['reɪnbəʊ]	Regenbogen
raincoat ['reɪnkəʊt]	Regenmantel
to read [tʊ riːd]	lesen
red [red]	rot
rhinoceros [raɪ'nɒsərəs]	Rhinozeros, Nashorn
to rhyme [tʊ raɪm]	reimen
rich [rɪtʃ]	reich
right [raɪt]	richtig
ring [rɪŋ]	Ring
river ['rɪvə(r)]	Fluss
rock [rɒk]	Fels
roof [ruːf]	Dach
room [ruːm]	Raum, Platz
rose [rəʊz]	Rose